任再堂悼亡詩

임재당 도망시,

사랑에 죽음 따윈 없다

<지만지한국문학>은
한국의 고전 문학과 근현대 문학을 출간합니다.
널리 알려진 작품부터
세월의 흐름에 묻혀 이름을 빛내지 못한 작품까지
적극적으로 발굴합니다.
오랜 시간 그 작품을 연구한 전문가가
정확한 번역, 전문적인 해설, 풍부한 작가 소개, 친절한 주석을
제공합니다.

任再堂悼亡詩

임재당 도망시,
사랑에 죽음 따윈 없다

임재당(任再堂) 지음

임미정 옮김

대한민국, 서울, 지만지한국문학, 2025

편집자 일러두기

- 이 책은 장흥 임씨 후손가에서 소장하고 있는 《갑진일록(甲辰日錄)》을 원전으로 삼아 번역했습니다.
- 이 책에는 현재 전하는 임재당의 도망시 102수를 모두 옮겼습니다.
- 주석과 해설은 모두 독자의 이해를 돕기 위해 옮긴이가 작성한 것입니다.
- 한글에 한자를 병기할 때 괄호 안의 말과 바깥 말의 독음이 다르면 [ ]를 사용하고, 번역어의 원문을 표시할 때는 ( )를 사용했습니다. 또 괄호가 중복될 때에도 [ ]를 사용했습니다.
- 외래어 표기는 현행 한글어문규정의 외래어표기법을 따랐습니다. 중국 인명과 지명 중 옛날 인명과 지명은 한국 발음으로, 현대 인명과 지명은 중국 발음으로 표기했습니다.

차 례

임재당 도망시

1.

아팠을 때 병을 알아내지 못했음을 탄식하며

嘆病不能執症

당신의 병을 아직 알지 못하니
평생토록 고치지 못해 한이 지극하네
날씨는 찌는 듯해 때마침 불운했고
많은 친지와도 떨어져 처지는 외롭고 위태로웠지
수명이 모두 하늘에 달렸다고 말하지 마오
어진 사람이라 해서 반드시 장수하는 것[1]만은 아니더라
좋은 약 입에 쓰다는 말도 잘못된 것이니
당신 임종을 생각하면 애통함이 끝이 없네

君之病祟尙難知　至恨終天我未醫
日氣薰炎時不幸　諸親隔遠勢孤危
休言大命皆天定　未必仁人壽至斯
誤設藥餌從苦口　想其臨死痛無追

1) 어진 사람이라 해서 반드시 장수하는 것 : 《논어(論語)》〈옹야(雍也)〉에 나오는 말이다. 공자(孔子)는 "지자(知者)는 물을 좋아하고 인자(仁者)는 산을 좋아하니, 지자는 동적이고 인자는 정적이며 지자는 즐거워하고 인자는 장수한다(知者樂水, 仁者樂山, 知者動, 仁者靜, 知者樂, 仁者壽)"라고 했다.

2.

약 쓴 것이 틀렸음을 탄식하며

嘆用藥見敗

슬프고 슬프다 남은 한은 끝없어
치료한 온갖 방법 모두 적절치 못했네
당신 죽음 분명 나 때문이니
차라리 나도 죽어 아무것도 몰랐으면

哀哀遺恨恨無極　調護諸方摠失宜
君死分明由我耳　溘然寧欲自無知

3.

회포를 서술하며

述懷

부부의 은정은 날로 더욱 새로워
이십 년 같이 살며 고락(苦樂)을 함께했네
집 지어 이사하며 얼마나 경영했나
대나무 심고 소나무 재배하며 십 년을 보냈네
산업 일구어 생계 도모하며 오래 고생했고
살림도 맡길 데 없어 매번 신경 썼다네
갑자기 이제 유명(幽明)을 달리해
두 사람 중 한 사람 떠나갔구나

夫婦恩情日益新　卄年同處共甘辛
移居卜宅營何日　種竹栽松度十春
產業圖生長費力　家莊無托每傷神
忽然今作幽明別　二箇人除一箇人

4.

자식 없음을 한탄하며

恨無子

당신의 남은 한이 깊음을 알지만
어찌 후사에 대해 한마디 말도 없었나
적막한 지금은 다시 묻기 어려우니
베갯머리에서 꿈으로 만나기만을 기다릴 뿐

知君遺恨有深處　一語何無及後嗣
寂寞如今難更問　枕邊惟待夢來時

5.

그리워하며

相思

오랜 시간 흘러도 기약 없으니
가득 품은 슬픈 회포 누구에게 말할까
하루 또 하루 애는 끊어지려 하니
함께 죽어 그리워하지 않음만 못하네

天荒地老曾無期　滿腹哀懷說與誰
日復日來腸欲斷　不如同死不相思

6.
집에 사람 없음을 탄식하며
嘆屋中無人

슬프고 적적한 닫힌 문
눈에 보이는 모든 것이 상심이고 일마다 슬픔뿐이네
오직 여종 하나만이 아침저녁으로 곡하니
자식 없는 한을 남긴 것이 틀림없구나

哀哀寂寂掩門戶　滿目傷心事事悲
只有一婢朝暮哭　也應遺恨在無兒

7.

감회를 읊으며

咏懷

이십 년간 서로 의지했던 당신과 나
깊은 은정이 어찌 부부간의 정뿐이랴
하루아침에 홀연히 당신 먼저 죽어
외로운 인간 세상에 나만 홀로 살아 있다니

廿戴相依君與我　深恩奚但室家情
一朝奄忽君先死　踽踽人間我獨生

8.

또 읊으며
又

수많은 시름과 한이 얽혀 펀치 못하니
잘 때 잠시 잊었다가 깨고 나면 놀란다네
그리워하지 않는 날이 없으니
이런 마음으로 평생을 어떻게 견딜까

千愁萬恨結不平　眠時暫忘覺來驚
自此無非相憶日　何耐將心度一生

9.

또 읊으며

又

지난 십구 년간의 일을 돌이켜 보니
아련해 한바탕 꿈만 같구나
애석하게도 그 목소리와 얼굴 다시 만날 길 없으니
구원(九原)[2]에서 언제쯤 이 애달픈 마음 하소연할 수 있을까

回頭十九年間事　還是依依夢一場
可惜音容難更接　九原何日訴哀腸

2) 구원(九原) : 전국 시대의 진(晉)나라 경(卿)과 대부(大夫)의 묘지가 있었던 곳으로, 무덤이나 저승을 가리킨다.

10.

스스로 마음을 달래며

自解

깊은 정을 생사의 갈림길에서 헤아려 보니
살아서 서로 의지했듯 죽을 때도 함께해야 하거늘
집안을 꾸리며 고생한 일들을 떠올리자니
차마 남긴 계획 하루아침에 헛되게 할 수 없도다

深情推見死生際　生旣相依死可同
尙念營家辛苦業　忍將遺計一朝空

11.

회포를 읊으며

咏懷

지난날의 은정을 생각하니 깊고 깊어서
백 년을 함께 늙어 가자던 두 사람의 마음이었는데
세월은 아직 저물지 않았는데 당신은 어찌 갔는가
외로운 몸만 남아서 이제 모든 것이 변했네
이 세상에서 그 얼굴 다시 볼 길이 없고
이 생에서는 다시 그 목소리 들을 수 없으니
아침저녁으로 괴로이 떠올리며 애간장은 녹고
흐르는 눈물 뺨을 적셔 날마다 그치질 않네

念昔恩情重且深　百年偕老兩人心
流光未暮君何去　隻影猶存事變今
世上無由看面目　此生難復聽聲音
苦思朝夕肝腸腐　流出沾腮日不禁

12.

또 읊으며

又

한 명은 죽고 한 명은 살아서 참으로 애달프니
어느 때 어느 것인들 상심하지 않으랴
석양에 외로운 다듬이 소리 집집마다 다급하고
맑은 새벽에 차가운 베틀 소리 곳곳에서 울리는데
부엌의 성긴 연기 저물녘에 피어오르고
벽 사이 남은 촛불은 깊은 밤을 비추네
이 마음 아무래도 슬픔이 끝도 없어서
몸이 인간 세상에 있는 한 절로 편치 못하다네

一死一生良可慘　何時何物不傷情
夕陽孤杵家家急　淸曉寒機處處鳴
廚下疎烟生晩日　壁間殘燭照深更
此心到底悲無極　身在人間自不平

13.

또 읊으며

又

삼생(三生)[3]의 은혜와 의리는 하루아침에 허사가 되어
한밤중에 떠올리자니 눈동자에 눈물만 가득하네
내 가슴속 가장 깊이 아픈 괴로움이니
슬프고도 슬픈 이 한은 언제나 끝날 것인가

三生恩義一朝空　中夜思之淚滿瞳
最是吾人深痛處　哀哀此恨幾時終

3) 삼생(三生) : 불교 용어로, 전생(前生) · 금생(今生) · 내생(來生)을 가리킨다.

14.

또 읊으며

又

아프게 울어 봐도 나의 한은 풀리지 않고
긴 한숨만 내쉴 뿐 이 슬픔 무엇으로 달랠까
아침저녁으로 마음은 타들어 가니
슬픈 생각 하나 지나가면 또 다른 상념이 밀려오네

痛哭不能洩我恨　長吁何以慰吾哀
朝朝暮暮心如燬　一念悲過一念來

15.

함롱

函籠

탁자 위의 한 짝 농과 시렁 위의 상자는
시집오던 날 함께 가져온 물건인데
오늘 아침 물건만 있고 주인은 없으니
볼 때마다 차마 슬픔을 이길 수 없네

丌上雙籠枷上函　于歸當日共將來
今朝有物還無主　不忍看時不勝哀

16.

텃밭 채소

園蔬

당신을 못 본 지 벌써 며칠인지
어느덧 무더운 여름이 맑은 가을로 바뀌었네
풍광을 바라보자니 오히려 감회만 깊어지는데
손수 심은 채소들은 지붕 위까지 자라났구나

不見君來已幾日　居然炎夏換淸秋
看看物色還多感　手種靑蔬長屋頭

17.

새 곡식

新穀

울 밖의 새 벼는 빛깔이 어느새 누르스름해져
어린 여종이 베어다 밥 지으니 향기가 진동하네
여름 내내 농사로 고생한 것 생각하니
차마 오늘 아침 나 혼자 맛보기 어렵도다

籬外新稻色已黃　小婢刈取作飯香
細思三夏耕農苦　不忍今朝我獨嘗

18.

목화꽃

木綿花

집 뒤편 밭은 당신이 산 것으로
해마다 목화꽃을 심어서 가꾸었지
어린 여종은 마음 상하는 사물인 줄 모르고
오늘 아침 많이도 땄다며 자랑스레 떠드네

屋後有田君所買　年年種得木綿花
兒婢不識傷心物　誇道今朝摘取多

19.

안쪽 창고

內庫

안쪽 창고에 깊숙이 둔 물건들 모두 얼마나 되나
돌아보니 항아리들 줄지어 놓여 있네
살림 꾸리던 뜻을 분명하게 알겠으니
더욱이 남은 생을 눈물로 지내게 하는구나

內庫深藏凡幾物　回看次第列瓶瓮
分明認得營家意　更是餘生落淚中

20.

그릇

器皿

수많은 집 안의 그릇들
하루아침에 흩어져서 살피는 이 아무도 없네
애써 정리한들 앞으로 어디에 쓰겠는가
당신 떠나던 날 미처 가져가지 못한 것이 한스럽네

多少家中諸器皿　一朝散落管無人
區區營備將焉用　恨未持歸君去辰

21.

남은 물건

遺物

당신이 하나하나 사용하던 물건들
세상에 남아 더없이 가련하네
상자에 고이 담아 자물쇠로 잠갔지만
앞으로 누구에게 전해 주어야 할까

唯君一一手中物　留在人間最可憐
藏得箱中門掩鎖　爲將他日與誰傳

22.

정원의 과일나무

園中果木

정원의 과일나무들 당신 손으로 모두 심은 것인데
날마다 자라나서 이제야 열매 맺었네
종들이 따 와선 도리어 제사에 올리니
이러한 슬픈 마음 형언하기 어렵도다

園中果木君皆種　日漸長來子始成
婢僕摘來還作奠　此間悲抱有難形

23.

새 집터

新基

온갖 계획 세우며 애썼지만 절반도 못 이루었는데
두 마음은 서로 통해 한마음이 되었었지
가련하게도 도중에 당신 먼저 떠나 버리고
쓸쓸한 빈 뜰엔 가을 풀만 무성하네

百計營營將未半　兩心相擬一心成
可怜中道君先死　蕭瑟空庭秋草生

24.

또 읊으며
又

이사해 생계 꾸리기 매우 고되었고
십 년간 애써 경영하며 공연히 고생만 했네
이제는 적막해 돌보는 이 아무도 없는데
정원 밖 뽕나무와 모시풀만 오히려 봄기운 띠고 있네

移住爲生苦莫苦　十年營始謾勞神
如今寂寞無人守　園外桑苧尙帶春

25.
또 읊으며
又

금장(金藏)[4]에서 살다가 이제 떠나가 버렸으니
반평생 집안 살림 꾸렸건만 끝내 무엇을 이루었나
아마도 천고의 비통한 마음들이
앞 냇물에 흘러들어 밤낮으로 흐느끼리라

金藏爲居今已矣　經營半世竟何成
想應千古悲凉意　流入前川日夜鳴

4) 금장(金藏) : 현 장흥군 부산면 금자리 금장 마을 일대를 가리킨다. 현재는 '금장(金莊)'으로 한자 표기가 바뀌었다.

26.

초당

草堂

돌이켜 보니 지난날 집 지으며 당신과 의논할 때에
담장까지 쌓으며 큰 계획 세웠는데
공사도 끝나기 전에 당신 갑자기 떠나 버리니
부질없이 자취만 남아 나를 탄식하게 하는구나

憶昨構堂君與謀　兼築垣場作遠圖
工役未終君忽去　謾留遺跡使人吁

27.

추석

秋夕

누가 알았으랴 올해 추석에
내가 술과 과일로 당신에게 제사 올리게 될 줄을
세상일 순식간에 변하는 것이 놀라울 뿐이니
옛일도 슬프고 새로 하는 일도 서러워 눈물만 절로 흐르네

誰謂今年秋夕日　吾將酒果祭於君
驚心世事須臾變　感故傷新涕自沄

28.

가을바람

秋風

가을바람 문득 불어와 초가을 기운 실어 보내더니
온갖 과일이 열리고 곡식도 향기롭네
근심 속에서 좋은 계절을 맞이하니
당신 생각 더욱 간절해 해 지도록 목 놓아 우네

秋風乍起送新凉　百果皆生黍稷香
却向愁中逢好節　思君信切哭斜陽

29.

또 읊으며

又

햇살 포근하고 바람 맑아 날씨 더없이 좋으니
모두 즐거워하나 내 마음만 홀로 서글프네
곰곰이 되짚어 보니 여름 석 달 괴로움 속에 보내고
당신과 이 시절 함께하지 못하니 한스럽다네

日暖風淸天氣好　人皆爲樂我心悲
細思三夏經過苦　恨未同君見此時

30.

집

家舍

홀연히 당신 죽고 집만 덩그러니 남아서
남은 자취 돌아보자니 눈물을 참을 수 없네
창과 뜰은 예전 그대로인 듯하나
울타리와 담장은 가을 기운 쓸쓸하네
사방의 근심 어린 빛은 푸른 소나무 숲에서 나오고
한 줄기 차가운 기운은 으슥한 대숲에서 일어나네
아아 만사가 이제는 어제와 다르니
서글픈 마음에 통곡하다가 흰머리만 늘어 가네

忽忽人亡家獨留　回看遺跡淚堪流
軒窓庭苑依俙古　籬落垣墻蕭瑟秋
四面愁光松樹碧　一行寒色竹林幽
嗟嗟萬事今非昨　痛哭傷心可白頭

31.
병으로 이웃집에 누워서 집을 생각하며
病臥隣家思家

병들어 이웃집에 누워서 우리 집을 생각하니
집 안에는 오늘도 여전히 사람 없겠지
멀리서도 알겠네 적막하고 텅 빈 뜰에
차가운 이슬 싸늘히 맺히고 풀만 방석처럼 깔린 것을

病臥隣家思我屋　屋中今日更無人
遙知寂寂空庭内　寒露凄凄草似茵

32.

집을 바라보며

望家

집을 바라보니 문득 당신이 아직 있을 것 같은데
죽은 사실 생각하니 지난날 함께 산 것이 오히려 놀랍네
어찌하면 내 평생 두 눈을 감고
다시는 우리 집 보지 않을 수 있을까

望家忽若君猶在　念死還驚昔共居
安得一生雙眼閉　使吾不復見吾廬

33.

집에 이르러

到家

방에 들어가니 아련히 당신 얼굴 보일 듯하나
문 열자 고요하기만 해 아무 소리도 들리지 않네
텅 빈 집에서 통곡하니 마음이 찢어질 듯 아파
예전처럼 웃으며 당신을 맞이할 수 없구나

入室依依如見面　開門寂寂更無聲
痛哭虛堂心欲絶　未得當年含笑迎

34.

죽음을 슬퍼하며

惜亡

어진 사람 반드시 오래 산다고 말하지 마소
당신처럼 현명한 사람이 세상에 몇이나 되겠는가
말마다 선했고 마음에는 걸릴 것 없었으며
행실은 자상하고 덕 또한 아름다웠네
홀로 있을 때도 부부간 공경할 줄 알았고
평소에는 언제나 온 집안 화목하게 하려 애썼지
신명이 차마 재촉해 한창나이에 죽게 했으니
막막한 이 이치 도대체 어찌 된 것인가

休道仁人必得壽　似君賢哲世幾多
言無不善心無累　行有仔詳德有嘉
處獨能知夫婦敬　居常每欲一家和
神明忍促方年死　此理茫茫果若何

35.

또 읊으며

又

가난한 사람을 만나면 으레 자비 베풀었고
미물에게도 은혜를 더해 주었지
평생 착하게 살았건만 하늘은 보답이 없어서
하루아침에 죽게 하고 또 집안까지 망하게 하네

若遇窮人例惠施　雖於微物亦恩加
平生爲善天無報　一日身亡又滅家

36.

마음가짐

持心

마음가짐 평소에 더없이 공정해
이해(利害) 앞에선 경중을 신중히 살폈지
이제야 알겠네 마음속 참된 즐거움 있어서
청렴하고 검소한 삶 좋아했던 것 아직도 생각나네

持心平日至公平　利害當前審重輕
始識胸中眞有樂　尙思廉儉好爲生

37.

사는 곳

居處

평소 거처는 깨끗이 하길 좋아했고
자리엔 잠시도 먼지 앉지 않게 했지
이제야 알겠네 본래 성품이 범속함과는 달라서
맑고 밝은 기운이 온몸에 깃든 것 아직도 기억나네

居處平生好淨潔　不敎床席暫留塵
始知素性殊凡陋　尙憶淸明在一身

38.

사람 대함

待人

사람을 대함에는 일찍이 정성 다해
높고 낮은 신분 따라 각기 정을 걸맞게 했지
구구하게 응대함에 어찌 힘듦이 없었으랴마는
온화한 기운이 넘쳐흘러 몸에 항상 드러났었네

待人未嘗不以誠　隨其高下各稱情
區區酬應寧無苦　和氣蕩然長在形

39.

말하기

言語

시끄럽고 속된 말은 쓰지 않았고
소리의 높낮이와 청탁도 저절로 분명했지
하는 말은 모두 이치에 맞았으니
본래부터 타고난 덕성을 따른 것이라네

不用呶呶俗俚語　高低淸濁自分明
出言況復皆要理　自是生來順德性

40.

살림살이

營産

가난한 살림살이 일군 지 몇 해였던가
부유해져도 어진 사람[5]은 오직 당신뿐이네
옳게 행동하며 구차하게 살지 않았으니
집안 가득한 재물은 실로 근면했기 때문이네

居貧營産幾年所　爲富能仁只見君
義取以來無苟活　盈家財帛實由勤

5) 부유해져도 어진 사람 : 《맹자》 〈등 문공 상(滕文公上)〉에 "부자는 어질지 않고, 어진 자는 부자가 되지 못한다(爲富不仁矣 爲仁不富矣)" 라는 양호(陽虎)의 말이 인용되어 나온다.

41.

신께 빌던 일을 생각하며

思禱神

옷상자 속 옷가지와 손수 짠 비단들
해마다 태우며 신께 빌었지
변치 않는 정성스러운 마음을 아시기에
마흔 나이에도 여전히 희망을 붙들었네
늘 자식 경사 바랐지만 도리가 없었고
죽어서 피붙이 하나 없으니 슬프도다
부끄러운 것은 내가 과거 공부를 했음에도
당신 살아 있을 때 합격 소식 전하지 못한 것이라네

籠中衣服手中帛　燒盡年年禱鬼神
一片誠心知有在　年終四十尙留春
居常望絶兒孫慶　死去悲無血肉親
所愧吾爲科擧業　牓聲不到君生辰

42.

스스로를 애통해하며

自悼

아내 없고 자식 없는 한 불쌍한 나그네
병들어 시골집에 누워 외롭게 그림자와 위로하네
이웃 사람 때때로 찾아와 안부 물을 뿐
종일 문 닫고 홀로 길게 탄식만 하네

無妻無子一窮客　病伏村家弔影孤
只有隣人時問去　閉門終日獨長吁

43.

또 읊으며

又

마음은 천지의 집 없는 나그네 같고
몸은 빈산의 속세 잊은 승려 같구나
빈방에 홀로 앉아 말할 사람 없어서
당신 생각만 종일 하니 한이 가슴을 메우네

心如天地無家客　身似空山忘世僧
獨坐虛堂無與語　思君終日恨塡膺

44.

우연히 읊으며

偶吟

해와 달은 여전히 어제와 같고
하늘과 땅도 아직 예전과 같은데
집에 있던 사람은 어디로 갔는가
고개 돌리니 눈물만 줄줄 흐르네

日月還如昨　乾坤尙似前
家人何處去　回首淚漣漣

45.

또 읊으며
又

모습은 산을 떠난 호랑이 같고
형세는 물을 잃은 물고기 같네
몸 둘 곳 하나 없으니
나 태어난 처음부터 박복했다오

形似離山虎　勢如失水魚
將身無置處　窮薄我生初

46.

가을 풍경

秋景

올가을 풍경은 지난가을과 같건만
오늘의 사람은 예전의 그 사람이 아니네
세상이 나그네길 같음을 크게 탄식하고
이 삶은 꿈일 뿐 참이 아님을 오히려 깨닫네

新秋景似舊秋景　今日人無昨日人
浩嘆乾坤如逆旅　此生猶覺夢非眞

47.

감회가 일어서 읊으며

感吟

예전에 내동이 왔을 때에는
안방에 웃음소리 새로웠는데
내동이 오늘 왔건만
빈집에 사람 없어 적막하기만 하네

昔日乃東來　閨門笑語新
乃東今日來　空舍寂無人

48.

그리워하며

相思

잊으려 해도 차마 잊을 수 없고
그 은정 날마다 가슴속에 엉겨 있네
집 안 살피느라 몸 쉴 틈 없더니
밭과 동산 넓혀서 창고도 가득 채웠지
때맞춰 부엌에서 음식 준비하고
밤이면 차가운 자리에서 베를 짰네
마음과 힘을 다했건만 끝내 무엇이 남았나
이제 와서 내 눈물만 흐르게 하는 것을

縱欲忘之不忍忘　恩情日日結心腸
營吾第宅身無暇　廣我田園庫有藏
時爲備供來廚下　夜因紡績坐寒床
盡心竭力終何益　到此令人涕自滂

49.

또 읊으며

又

삼생의 깊은 사랑 하루아침에 허사가 되고
한밤중에 생각하니 눈동자에 눈물만 가득하네
이것이 바로 인생에서 가장 깊은 아픔이니
슬프고 슬픈 이 한은 어느 때나 끝날까

三生恩愛一朝空　中夜思之淚滿瞳
最是人生深痛處　哀哀此恨幾時終

50.

또 읊으며
又

아아 우리 부부 영원히 이별한 한은
바다같이 깊고 언덕같이 쌓였는데
바닷물 마르고 산은 사라질지언정
이 한은 천세 만세 남아 있으리

嗟我夫妻永別恨　深如滄海積如丘
海猶有渴山猶盡　此恨千千萬世留

51.

또 읊으며

又

아프게 소리 내어 울어도 울어 봤자 소용없고
길게 노래 부르려 해도 노래도 마땅치 않아서
문득 슬픈 마음을 짧은 구절로 옮겨 보자니
시를 지은들 깊은 슬픔 다 담지 못하는구나

雖爲痛哭哭無奈　欲唱長歌歌不宜
却把哀懷輸短句　詩成猶未記深悲

52.

또 읊으며

又

깊은 정은 남에게 말할 수 없고
지극한 고통도 도무지 붓으로 써낼 수 없네
한 번 크게 울었더니 목소리마저 끊어져
홀로 앉아 공연히 눈물만 흘리는구나

深情不可向人說　至痛終非筆下形
慟哭一聲聲斷絶　獨坐空然淚自零

53.

감회가 일어

感懷

차라리 눈도 멀고 귀도 막혀서
듣지도 보지도 않으면 슬픔도 없어지련만
그렇다 해도 지극한 한은 가슴속에 남아서
마음은 스스로 다 알고 있는 것을 어찌하랴

眼欲爲盲耳欲塞　無聞無見卽無悲
雖然至恨存諸內　其奈心中自有知

54.

또 읊으며

又

주변 사람들아 통곡한들 어찌할 수 없다고 말하지 말라
정과 의리를 어찌 차마 잊겠는가
차마 잊지 못해 스스로 억누르기 어려우니
정녕 이 몸이 죽어야 슬픔도 함께 사라지리라

傍人莫說慟無奈　情義其如不忍忘
不忍忘來難自抑　政知身死恨俱亡

55.
감회가 일어
感懷

함께 지냈던 지난 일들 하나하나를
오늘 떠올리자니 슬픔을 이길 수 없네
문득 깨닫노니 인간 세상 꿈속과 같고
반평생 즐거운 일도 동쪽으로 흐르는 물과 같구나

同居一一昔年事 今日思之不勝愁
斗覺人間如夢裏 半生歡樂水東流

56.

또 읊으며

又

슬픔 품고 아픔 참으며 온종일 앉아 있자니
묵은 한과 새 근심이 닿는 곳마다 괴롭히네
담장 둘러 지었던 옛집도 보기 싫고
울타리 너머 들어선 새 마을 보기도 서글프네
백 년 동안 살 계획은 부질없이 흔적만 남고
반평생 깊은 정은 갑자기 끊어져 버렸네
이 이별이 인연의 끝은 아닐 것이니
언젠가 다시 마주해 이야기할 날 있으리라

含悲忍痛坐朝昏　舊恨新愁觸處煩
厭見墻垣成古宅　愁看籬落占新村
百年生計空留迹　半世深情忽斷恩
此別應知緣未盡　何時相面更相言

57.

하늘을 원망하며

怨天

나이도 많지 않고 몸에 병도 적었는데
어찌하여 하룻밤에 인간 세상 떠나가나
망망한 삶과 죽음 참으로 알기 어려우니
하늘에 묻고 싶어도 아득해 다가갈 수 없구나

年不爲多身少病　胡然一夕棄人間
茫茫壽夭誠難識　欲問蒼蒼邈未攀

58.

산에 오르자 감회가 일어서 읊으며

登山時感吟

어찌하여 오늘 아침 이 산을 보게 되었는가
선왕의 예법 따라 장례 기한 돌아와서라네
유해는 조만간 흙먼지 속에 묻힐 텐데
어찌 차마 그때 되어 이곳으로 보낼 수 있으랴

何以今朝來見山　先王制禮葬期還
遺骸早晚委塵土　那忍他時送此間

59.
집에 돌아온 뒤에 감회가 일어서 읊으며
還家後感吟

죽음도 이미 슬픈데 또 묻으려 하니
묻으면 진실로 슬픔이 없어지겠는가
살던 집 남겨 두는 것은 어떠한가
떠난 몸이 돌아오지 못하게 하지는 말아야지

死已爲悲又欲埋　埋之誠是是無哀
何如留置生居宅　不使前身去不廻

60.

감회가 일어서 읊으며

感吟

해마다 어김없이 이날이 돌아오면
당신은 밥과 떡을 차리고 나는 술잔을 올렸지
오늘 아침 적막하고 당신은 보이지 않으니
마루 위 처마를 돌아보며 그저 슬퍼할 뿐이네

歲歲每逢此日廻　君進飯餠我奉盃
寂寞今朝君不見　回瞻堂上只含哀

61.

우연히 읊으며

偶吟

문득 함께 살던 일을 떠올리니
마치 먼 옛날의 일을 만난 듯하네
아득해 마음은 취한 듯하고
홀로 살아 있는 것이 부끄럽기만 하네

忽憶同居事　如逢千古前
茫茫心似醉　却愧獨生全

62.

또 읊으며

又

죽은 사람은 이제 떠났는데
산 사람은 또 무엇을 해야 하나
슬퍼하며 길게 탄식하니
죽음도 슬프고 삶 또한 슬프네

死人今已矣　生者復何爲
惻惻長嗟咄　死悲生亦悲

63.

달밤

月夜

고개 들어 해를 마주하면 서글프고
눈 떠서 집을 보면 보기 싫구나
밤은 고요한데 달만 떠 있어서
무정하게도 창밖에 비껴 비치네

擧頭愁對日　開眼厭看家
夜静還有月　無情窓外斜

64.

감회가 일어서 읊으며

感吟

부부간 은정 깊었건만
함께 산 지 스무 해도 못 되어
홀연히 천고의 이별 맞으니
길이 마음속 슬픔 되었네
덕 있는 사람이 어찌 이리 명이 짧은가
돌아갈 집 없는 나는 죽음마저 더디네
가엾도다 남긴 자취 그대로 있는데
어느 아이에게 물려줄 것인가

夫婦恩情重　同居未廿朞
忽成千古別　長作一心悲
有德生何短　無家死亦遲
遙憐遺迹在　傳繼寄誰兒

65.

또 읊으며

又

당신 같은 여성은 드물었으니
겸손하고 공손하며 말 또한 조심스러웠네
봄바람처럼 온 집에 불어와
은혜와 덕이 이웃 마을에까지 미쳤다네
집안의 화목을 마음에 늘 바라고
가문을 일으킬 계획도 크게 품고 있었지
홀연히 지금 영영 떠나가 버리니
하늘이 바로 우리 가문을 망하게 하는 것이로다

女子如君少　謙恭又謹言
春風吹一室　惠德及隣村
睦族心常願　興家計大存
飄然今永逝　天是喪吾門

66.

또 읊으며

又

다행히 그 시절에 당신을 만나
삼생의 인연처럼 깊은 관계였지
단정한 모습 내가 경외했고
훌륭한 행실 모두가 흠모했지
입에서 나오는 말은 이치에 맞았고
사람을 대할 때는 진심을 드러냈지
온화한 얼굴 다시는 볼 수 없으니
언제 다시 찾아볼 수 있을까

幸尒當年遇　三生一緣深
端儀吾所敬　嘉行衆皆欽
吐口惟當理　待人各漏心
和顔不復見　何日更相尋

67.

또 읊으며
又

큰 뜻을 누가 능히 알리오
오직 당신만이 밝게 보았지
돌이켜 생각하니 변고당하던 날까지
한집안에 정을 다했구나

大義誰能識　惟君見得明
追思處變日　能盡一家情

68.

추억하며

追思

깊고 깊었던 정다운 말들 과연 어떠했던가
가장 으뜸은 수신이요 다음은 독서라고 했지
부끄럽게도 나의 공부는 이루지 못해서
평생의 바람이 허사가 되었구려

深深情話果何如 最上修身次讀書
愧我工夫俱未成 一生仰望便歸虛

69.

또 읊으며

又

죽은 자를 곡함은 한이 끝없어서만은 아니요
산 사람의 상처 깊어 슬픔이 마음속에 사무쳐서라네
분명하게 타이르던 말이 아직도 가슴에 남아 있는데
누가 다시 정성스레 나를 도와줄 것인가

哭死非徒恨不窮　傷生尤切感悲衷
分明戒語猶心在　誰復慇懃助我躬

70.
갓 열린 나무 열매를 따서 올리면서 곡하며
摘初結木果薦哭

동산의 나무 열매 이제 막 익었는데
당신 영전에 올리려니 마음이 갑절로 아프네
예전에는 당신과 함께 열매 맺는 것 보았는데
오늘 함께 맛보지 못할 줄 어찌 알았겠는가

園中木果今初熟 爲薦靈筵心倍傷
向者與君看結子 豈知今日不同嘗

71.

감회가 일어서 읊으며

感吟

슬프고 슬프도다 장지로 보내야 하는데
어디에 당신의 넋을 묻을 것인가
멀리 떨어진 산은 원치 않으니
옛 살던 곳 근방으로 정해야 하리

哀哀將送葬　何處可埋魂
不願他山遠　要令傍故村

72.

감회가 일어서 읊으며

感吟

쓸쓸히 맞이하고 보내는 사이와
애달프게 떠나고 머무는 가운데
세상사 이제 모두 끝났으니
단란했던 한평생 영원히 헛되게 되었네

寥寥迎送際　惻惻去留中
世事今已矣　團圓永世空

73.

감회가 읊으며

感吟

이제부터는 관조차 다시 볼 수 없고
이승과 저승은 영원히 갈려서
쓸쓸한 금장산 자락의 집과
적막한 서당 골짜기의 무덤이라네
한 조각 깊은 정은 꿈으로 남고
삼생의 자취는 구름처럼 흩어졌네
나는 나무나 돌이 아니니 어찌 아픔이 없으랴
뜨락에 당신 다시는 올 일 없으니

自此靈柩難復見　人間地下永相分
凄凉金藏郊中宅　寂寞書堂洞裡墳
一片深情留作夢　三生遺跡掃如雲
吾非木石寧無痛　不復軒庭來我君

74.

또 읊으며

又

슬프게도 세월은 또 흐르는 물과 같아서
유해는 이승에서 더 머물지 못하네
스무 해 함께 살아온 집을 영원히 떠나
이제는 한 줌 흙 되어 산자락에 깃들였네

哀哀日月又如流　骸骨人間不復留
永棄廿年同處宅　化爲杯土寄山頭

75.

또 읊으며

又

누가 알았겠는가 올해 11월에
당신 몸이 산속 무덤이 될 줄을
문만 열면 가까이서 늘 마주 보았는데
삶과 죽음에 마음이 아파져 눈물만 절로 흐르네

誰識今年十一月　君身化作山中墳
開門咫尺長相對　感死傷生涕自沄

76.

또 읊으며
又

아아 오늘 밤은 대체 무슨 밤인가
세상만사 모든 일이 한바탕 꿈이로다
적막하고 쓸쓸한 빈집만 있어서
다만 그 옛날 정든 임만 남아 있네

嗚呼今夕此何夕　萬事人間一夢中
寂寂寥寥空舍在　只留當日有情儂

77.

또 읊으며

又

당신 얼굴 어렴풋해 날마다 멀어지니
처량한 그리움은 더욱 끝이 없구나
세월이 약이라 말하지 마오
겹겹이 쌓인 슬픔만 내 가슴에 더할 뿐이니

顔面依稀日漸遠　凄涼懷事益無窮
休言歲月能爲藥　添得重重積我中

78.
또 읊으며
又

당신은 배필이지만 친구와 같았고
부부라 불려도 형제와 같았지
그렇기에 은정이 더욱 깊고 중했는데
하루아침에 헤어지니 한을 달래기 어렵도다

名爲伉儷似朋友　號是夫婦若弟兄
所以恩情深且重　一朝相別恨難平

79.

살아 있음을 탄식하며

歎生

내가 죽으면 반드시 당신도 함께 죽을 텐데
당신 죽어도 오히려 나는 함께 죽지 못했네
문득 이 생각에 다시금 가슴이 미어지니
누가 믿으랴 그 옛날 우리 서로 잊지 않기로 한 것을

我死必知君共死　君亡猶未我偕亡
忽然念此還多感　誰信當年兩不忘

80.
또 읊으며
又

인간 세상의 고락을 이제는 함께할 수 없는데
아침저녁 굶주림과 추위를 누구에게 말할 것인가
곳곳마다 슬픔 일어나니 이 슬픔 어찌 끝이 있으랴
오고 가는 모든 시간이 슬픔뿐이네

人間苦樂已無共　朝夕饑寒說與誰
處處悲生悲曷極　時來時去摠悲時

81.

또 읊으며

又

아 내가 어쩌다 이 지경이 되었는가
말도 웃음도 나오지 않고 그저 슬피 울 뿐이네
남자가 이러면 안 된다는 것을 잘 알지만
자식도 없고 아내마저 떠났으니 어찌해야 한단 말인가

嗟我何爲作此狀 不言不笑但悲啼
能知男子非如是 其奈無兒又別妻

82.

죽음을 슬퍼하며

哀死

종들과 밭, 집이며
소나무와 대나무, 뽕나무와 모시풀, 과일과 채소까지
모든 것이 예전 그대로인데 당신 자취만 없으니
내 마음 어찌 애통하지 않겠는가

奴婢田地及家舍　松竹桑苧與果蔬
一皆依昔君無迹　何不吾心哀痛歟

83.

또 읊으며

又

가련하구나 산 사람의 한이여
어찌 죽은 사람의 슬픔에 비하겠냐마는
산 사람은 여전히 먹을 것을 구해야 하지만
죽은 사람은 고요히 아무것도 알지 못하네

可憐生者恨　孰若死人悲
生者猶求食　死人寂無知

84.
공을 생각하며
思功

예전에는 살림 위해 함께 애썼는데
오늘은 수확하며 슬픈 감회에 젖네
내 한 몸 입고 먹는 걱정 없는 것은
당신 죽고 나서도 남은 공 때문이라

昨日營生同費慮　今朝收穫感悲裏
一身衣食將無憂　猶是夫君死後功

85.

또 읊으며

又

은정은 말로 다 표현할 수 없고
함께 일군 일들도 많았지
이 마음 보답하고 싶어도 이제 그럴 길 없으니
이제는 조카들을 위해 힘쓰려고 하네

恩情此莫說　事業亦云多
欲報還無地　爲圖令姪家

86.

우연히 읊으며

偶吟

내가 비록 세상일에 뜻이 없으나
살아 있는 이상 할 일이 있기 마련이네
마음 쓰고 애쓰며 끝내 그치지 못하니
삶은 즐겁고 죽음만 오직 슬픈 것을 점차 깨닫는구나

吾雖無意人間事　自有身前自有爲
念念營營終莫已　漸看生樂死唯悲

87.

집안 상황을 탄식하며

歎家中形勢

누가 알았으랴 갑진년 어느 날에
집은 망하고 사람도 죽어서 홀로 남겨질 줄을
이리저리 떠도는 외로운 배는 어디에 닿을 것인가
아득한 푸른 바다만 끝없이 펼쳐져 있는데

誰知歲在甲辰日　家破人亡餘一身
泛泛孤舟何處屆　茫茫滄海浩無津

88.

처음부터 끝까지 관을 제대로 준비하지 못한 것을 탄식하며

追歎初終不能善治棺

관을 준비하던 날도 세심하지 못했으니
슬프도다 친척들은 무엇을 보고 있었나
설령 다른 사람이 있다 한들 어찌 믿을 수 있으랴
고통은 함께하지 않고 편안함만 함께하려고 하는구나

治棺當日亦欠愼　痛矣諸親何事看
縱有他人安足恃　不宜同患只同安

89.

송촌에서 소식이 있어

松村有便

당신 고향이 송촌임을 아는데
혈육들은 흩어지고 겨우 몇 명만 남아 있다지
지금도 안부 묻는 연락이 끊이지 않아서
오가는 편지에 눈물 자국이 흥건하네

知君故里是松村 骨肉零丁僅有存
寄問于今猶不絶 書來書去淚成痕

90.

또 읊으며

又

정 끊고 아픔 참으며 이별의 한을 견디자니
세상엔 이제 보고 싶은 사람이 없는데
다만 조카가 고향에 살고 있어
아침저녁으로 끊임없이 한 생각만 하네

割情忍痛耐別恨　世上今無欲見人
只有令甥居故里　源源一念在晨昏

91.
내동을 불쌍히 여기며
哀乃東

쓸쓸한 바깥채에 남은 몸 의탁하는데
고요한 안방에는 이제 당신이 없구나
다만 내동이만 나와 함께 남아서
아침저녁으로 제사 지내며 밤낮으로 곡하네

寥寥外舍寄餘身　寂寂內房無舊人
只有乃東隨我在　祭君朝夕哭昏晨

92.

또 읊으며

又

임종 때에 어찌 돌아갈 수 있다 했는가
나만 여전히 당신 살아 있을 때와 같이 남았는데
하물며 이 한 몸 의탁할 곳도 없으니
이곳에 함께 살며 헤어지지 않았어야 했다네

臨死何謂可歸去　我在猶如君在時
何況一身無處托　且宜居此不相離

93.

옛정을 떠올리며

感舊時情話

남들은 기쁠 때만 함께하고 슬플 땐 곁에 없다더니
그 옛말들 참으로 이유 있었네
애석하게도 내 마음 당신에게 기대어
깊이 세운 계획들 올가을에 어긋나니 탄식만 나올 뿐이네

他人同樂不同憂　昔者其言實有由
可惜吾心曾有待　却歎深計誤今秋

94.
산에 가던 날 감회가 일어서 읊으며
入山日感吟

더디고 느린 발걸음으로 어디를 향하는가
인간 세상 어디에도 내 몸 둘 곳 없는데
구름 낀 한 자락 산을 멀리서 바라보니
적막한 물가로 돌아가 눕는 것이 낫겠구나

遲遲行色去何向　人世間無置我身
一髮雲山遙入望　且宜歸卧寂寥濱

95.

청련암에서 읊으며

在靑蓮庵吟

아득히 떠난 외로운 혼은 어디에 의지하고 있을까
이 몸도 다시 인간 세상에 머물 수 없다네
쓸쓸하고 텅 빈 집은 슬프기 그지없는데
종들만 그저 옛이야기 나누고 있을 테지

遙想孤魂何處寄　此身不復住人間
堪悲寂寂虛堂裏　唯有奴婢說古閑

96.

또 읊으며
又

마음을 잊었을 뿐 염불은 아니고
말이 없는 것이지 어찌 참선이겠는가
또 종소리 울린 뒤인데
어찌 잠들지 못하고 있는가

忘心非念佛　無語豈參禪
又是鐘鳴後　如何不肯眠

97.

또 읊으며

又

마음은 허공에 머무는 듯하고
몸은 꿈속에서 온 것만 같네
인간 세상 어느 곳이 진짜인가
돌아보자니 슬픔을 참을 수 없네

心若虛空住　身如夢中來
人間何處是　回首不禁哀

98.

문득 지난날 내 병 고쳐 준 일을 떠올리며

忽感前日救病

몇 해 전 내가 병을 앓았을 때
당신의 보살핌 덕에 다시 살아났지
당신이 병들었을 때 나는 구하지 못했으니
은혜 잊고 의리 저버린 사람 된 것이 부끄럽기만 하네

數歲以來我有病　賴君調護得回春
君之有病吾無救　愧作忘恩背義人

99.

감회가 일어서 읊으며

感吟

하루아침에 인간 세상 즐거움 어그러져
홀로 세상 밖 하늘로 돌아갔네
외롭게 살아가는 슬픔과 원망 말할 게 있으랴
그래도 저승의 사무칠 한보다는 나을 테니

一朝誤了人間樂 獨自歸來世外天
孤棲哀怨休爲說 猶勝泉臺恨萬千

100.
제야에 내동과 함께 시골집에 앉아 감회를 읊으며
歲除夜與乃東坐村房感吟

듣자니 내일 아침이면 봄이 온다지만
요사이 슬픔과 원망은 한층 새로워졌네
지난해의 날들이 올해와 같을지라도
올해의 사람은 작년의 그 사람이 아니라네
제야에 어찌 편히 잠들 수 있으랴
등불 심지 돋우어도 돌아올 사람 없는데
창문 너머 일찍 우는 닭소리도 듣기 싫으니
앞으로의 삶과 죽음 또한 홀연 옛 흔적 되겠지

聞道明朝將見春　邇來哀怨一層新
去年日是今年日　今歲人非去歲人
不寐寧爲除夕計　挑燈有若未歸身
隔窓厭聽村鷄早　從此存亡忽已陳

101.
또 읊으며
又

오늘은 무슨 날인가
묵은해를 보내고 새해를 맞는 때라네
감당 못할 한이 절로 일어나지만
세상은 한 해가 바뀌어 가네

今日是何日　送舊迎新時
自有難堪恨　乾坤一歲移

102.

봄날 홀로 앉아 있으니 감회가 일어서 읊으며

春日獨坐感吟

봄바람 살랑살랑 불어 온화한 기운 감도니
온갖 생명 다시 살아나 봄을 맞으려 하네
죽은 사람은 여전히 눈앞에 있는 듯 어른거려
종일 마음이 황망해 정신을 가눌 수 없구나

東風習習吹和氣　百物生生皆欲春
依然死者如將見　終日遑遑不定神

해설

도망시(悼亡詩)에 대해

죽은 아내를 대상으로 남편이 지은 시를 '도망시(悼亡詩)'라고 한다. '도망(悼亡)'은 '망자(亡者)를 애도(哀悼)한다'라는 뜻이지만, 중국 문인 반악(潘岳, 247~300)이 죽은 아내를 그리워하며 지은 시에 '도망(悼亡)'이라는 제목을 붙였고, 이 시가 《문선(文選)》에 수록되어 널리 알려지면서 도망시는 '망처가(亡妻歌)'의 의미로 사용되기 시작했다.

반악(潘岳) 이후, 후대 시인들이 죽은 아내를 제재로 시를 짓게 되면 으레 제목에 '도망(悼亡)'을 써 온 것은 사실이다. 그러나 친구나 자식의 죽음을 시로 표현하면서 제목에 '도망(悼亡)'을 붙이기도 했고, 반면 '도망'을 제목에 명시하지 않고도 아내의 죽음에서 촉발된 시인의 감정을 표현하기도 했다. 따라서 '도망시'라는 용어는 죽은 아내를 기리는 시에 관습적으로 붙인 일종의 관례적 표현으로 이해할 수 있을 것이다.

도망시는 남성 문인들이 쉽게 지을 수 있는 시는 아니

었다. 우선 창작 주체가 아내를 먼저 떠나보낸 남편으로 한정될 수밖에 없고, 또한 조선의 문인들은 유교적 가치관 때문에 아내에 대한 그리움이나 사랑, 이별의 고통을 시로 남기는 것이 쉽지 않았다. 실제로 상처(喪妻)를 경험한 남성 문인들의 문집을 보면, 죽음과 관련한 의례적 문학인 만시(挽詩)라든지, 가족이나 친지 등의 주변 여성을 대상으로 한 제문(祭文)은 다수 확인되지만, 아내의 죽음을 제재로 한 '도망시'는 거의 찾아보기 어렵다.

일례로 조선 중기 도망시의 대표작으로 회자되는 송곡(松谷) 이서우(李瑞雨, 1633~1709)의 〈도망기몽시(悼亡記夢詩)〉라는 작품을 보자.

> 예쁜 모습 희미하게 보이다 홀연히 사라지고
> 잠 깨고 나니 등잔불만 쓸쓸히 남아 있네
> 가을비에 꿈 깰 줄 일찍이 알았더라면
> 창 앞에 벽오동은 심지 않았을 텐데

> 玉貌依稀看忽無 覺來燈影十分孤
> 早知秋雨驚人夢 不向窓前種碧梧

이서우는 1650년, 18세의 나이에 심광위(沈光渭)의 딸인 청송 심씨(靑松沈氏, 1631~1673)와 혼인했고, 1673년

그의 나이 41세에 아내가 먼저 세상을 떠났다. 이러한 정황으로 보았을 때, 이서우가 위의 도망시를 지었을 가능성은 충분하다. 실제로 이 시는 여러 시화나 잡록에서 이서우의 작품으로 기록하고 있지만, 정작 그가 말년에 직접 편찬한 자편 문집 《송파집(松坡集)》에는 수록되어 있지 않다. 죽은 아내에 대한 깊은 그리움을 절제된 언어로 표현한 훌륭한 작품임에도, 자신이 직접 이 시를 문집에 포함하는 것은 쉽지 않았던 것이다.

이렇듯 도망시는 창작 단계부터 문집 등재에 이르기까지 여러 제약이 따랐다. 이로 인해 한국에서 창작된 도망시는 현재까지의 연구를 통해 대략 400여 편 정도가 파악된 실정이다. 주요 도망시 작가로 강희맹(姜希孟, 1424~1483), 이서우, 이달(李達, 1539~1612), 심노숭(沈魯崇, 1762~1837), 신위(申緯, 1769~1845), 김정희(金正喜, 1786~1856)가 거론되고 있지만, 각각 창작한 도망시의 편수가 대개 몇 편에 그치기 때문에 그 성과를 작가별로 주목하기에는 자료적인 한계가 있다.

이러한 상황에서 임재당(任再堂, 1686~1726)이 지은 도망시는 한국 도망시 연구의 새로운 가능성을 보여 준다고 할 수 있다. 우선 임재당은 무려 102수에 달하는 도망시를 남겼다. 지금까지 확인된 한국 도망시 전체 수량이 약 400편 정도임을 감안할 때, 단일 작가의 작품 수로는 단연

돋보이는 규모다. 또 주목할 점은 이 도망시들이 문집에 수록된 것이 아니라 일기와 함께 기록되었다는 사실이다. 도망시의 창작 시점, 배경, 의도 등을 구체적으로 파악할 수 있다는 점에서 자료적 가치가 크다. 특히 임재당이 일기와 함께 도망시를 지은 것은, 아내를 잃은 자신의 처지를 위로하고 정리하는 행위로, 도망시 창작 본연의 목적을 보여 주는 것이기 때문에 여러 방면에서 그의 도망시는 중요하다.

임재당의 도망시 개관

임재당의 도망시는 그가 남긴 일기인 《갑진일록》에 수록되어 있다. 《갑진일록》은 현재 장흥 임씨 가문에서 소장하고 있는 단권으로 된 한문 필사본으로, 1724년 6월 20일부터 1726년 5월 1일까지의 기록을 담고 있다. 아내가 1724년 6월 29일에 사망하고, 임재당이 1726년 7월 11일에 세상을 떠난 점을 고려하면, 이 일기는 아내의 죽음을 기점으로 임재당 자신이 죽기 두 달 전까지에 해당한다.

《갑진일록》에 수록된 시는 총 67제 104수이며, 이 중 1제 2수는 임재당의 넷째 형 임내당(任乃堂)이 지은 시다. 이를 제외하면 임재당의 시는 66제 102수가 된다. 시의 앞뒤로 배치된 일기 내용이 아내의 죽음과 장례 절차를 기록하고 있고, 시 또한 죽은 아내를 추억하거나 홀로 남은 자신의 고통을 토로하고 있어서, 이 102수의 시는 모두 도망시로 논할 수 있다.

임재당의 도망시들은 일기와 함께 배치되어 있어 각 시의 창작 날짜를 정확하게 알 수 있다. 아래의 표는《갑진일록》에 수록된 순서를 기준으로, 임재당의 도망시 제목, 창작 날짜, 시 형식을 정리한 것이다.

《갑진일록》에 수록된 임재당의 시 목록

연번	창작 날짜	시 제목	시 형식
갑진(甲辰, 1724)			
1	8. 2	아팠을 때 병을 알아내지 못했음을 탄식하며(嘆病不能執症)	7언 율시
2		약 쓴 것이 틀렸음을 탄식하며(嘆用藥見敗)	7언 절구
3		회포를 서술하며(述懷)	7언 율시
4		자식 없음을 한탄하며(恨無子)	7언 절구
5	8. 8	그리워하며(相思)	7언 절구
6		집에 사람 없음을 탄식하며(嘆屋中無人)	7언 절구
7~9		감회를 읊으며(咏懷), 또 읊으며(又), 또 읊으며(又)	7언 절구(3수)
10		스스로 마음을 달래며(自解)	7언 절구
11~14	8. 13	회포를 읊으며(咏懷), 또 읊으며(又), 또 읊으며(又), 또 읊으며(又)	7언 율시(2수), 7언 절구(2수)

15		함롱(函籠)	7언 절구
16		텃밭 채소(園蔬)	7언 절구
17		새 곡식(新穀)	7언 절구
18		목화꽃(木綿花)	7언 절구
19		안쪽 창고(内庫)	7언 절구
20		그릇(器皿)	7언 절구
21		남은 물건(遺物)	7언 절구
22		정원의 과일나무(園中果木)	7언 절구
23~25		새 집터(新基), 또 읊으며(又), 또 읊으며(又)	7언 절구(3수)
26		초당(草堂)	7언 절구
27	8. 16	추석(秋夕)	7언 절구
28~29		가을바람(秋風), 또 읊으며(又)	7언 절구(2수)
30		집(家舍)	7언 율시
31		병으로 이웃집에 누워서 집을 생각하며(病臥隣家思家)	7언 절구
32		집을 바라보며(望家)	7언 절구
33		집에 이르러(到家)	7언 절구
34~35		죽음을 슬퍼하며(惜亡), 또 읊으며(又)	7언 율시, 7언 절구
36		마음가짐(持心)	7언 절구
37		사는 곳(居處)	7언 절구
38		사람 대함(待人)	7언 절구
39		말하기(言語)	7언 절구
40		살림살이(營産)	7언 절구
41	8. 22	신께 빌던 일을 생각하며(思禱神)	7언 율시
42~43		스스로를 애통해하며(自悼), 또 읊으며(又)	7언 절구(2수)
44~45		우연히 읊으며(偶吟), 또 읊으며(又)	5언 절구(2수)

46		가을 풍경(秋景)	7언 절구
47	8. 25	감회가 일어서 읊으며(感吟)	5언 절구
48~52		그리워하며(相思), 또 읊으며(又), 또 읊으며(又), 또 읊으며(又), 또 읊으며(又)	7언 율시, 7언 절구(4수)
53~54	8. 27	감회가 일어(感懷), 또 읊으며(又)	7언 절구(2수)
55~56	8. 30	감회가 일어(感懷), 또 읊으며(又)	7언 절구, 7언 율시
57		하늘을 원망하며(怨天)	7언 절구
58	9. 4	산에 오르자 감회가 일어서 읊으며(登山時感吟)	7언 절구
59		집에 돌아온 뒤에 감회가 일어서 읊으며(還家後感吟)	7언 절구
60	9. 15	감회가 일어서 읊으며(感吟)	7언 절구
61~62		우연히 읊으며(偶吟), 또 읊으며(又),	5언 절구(2수)
63		달밤(月夜)	7언 절구
64~67	9. 20	감회가 일어서 읊으며(感吟), 또 읊으며(又), 또 읊으며(又), 또 읊으며(又)	5언 율시(3수), 5언 절구
68~69		추억하며(追思), 또 읊으며(又)	7언 절구(2수)
70		갓 열린 나무 열매를 따서 올리면서 곡하며(摘初結木果薦哭)	7언 절구
71	9. 23	감회가 일어서 읊으며(感吟)	5언 절구
72	10. 9	감회가 일어서 읊으며(感吟)	5언 절구
73~78	11. 10	감회가 일어서 읊으며(感吟), 또 읊으며(又), 또 읊으며(又) , 또 읊으며(又), 또 읊으며(又), 또 읊으며(又)	7언 율시, 7언 절구(5수)

79~81		살아 있음을 탄식하며(歎生), 또 읊으며(又), 또 읊으며(又)	7언 절구(3수)
82~83		죽음을 슬퍼하며(哀死), 또 읊으며(又)	7언 절구, 5언 절구
84~85		공을 생각하며(思功), 또 읊으며(又)	7언 절구, 5언 절구
86		우연히 읊으며(偶吟)	7언 절구
87		집안 상황을 탄식하며(歎家中形勢)	7언 절구
88		처음부터 끝까지 관을 제대로 준비하지 못한 것을 탄식하며(追歎初終不能善治棺)	7언 절구
89~90		송촌에서 소식이 있어(松村有便), 또 읊으며(又)	7언 절구(2수)
91~92		내동을 불쌍히 여기며(哀乃東), 또 읊으며(又)	7언 절구(2수)
93		옛정을 떠올리며(感舊時情話)	7언 절구
94	11. 20	산에 가던 날 감회가 일어서 읊으며(入山日感吟)	7언 절구
95~97		청련암에서 읊으며(在靑蓮庵吟), 또 읊으며(又), 또 읊으며(又)	7언 절구, 5언 절구(2수)
98	11. 29	문득 지난날 내 병 고쳐 준 일을 떠올리며(忽感前日救病)	7언 절구
99	12. 1	감회가 일어서 읊으며(感吟)	7언 절구
을사(乙巳, 1725)			
100~101	1. 19	제야에 내동과 함께 시골집에 앉아 감회를 읊으며(歲除夜與乃東坐村房感吟), 또 읊으며(又)	7언 율시, 5언 절구
102	3. 6	봄날 홀로 앉아 있으니 감회가 일어서 읊으며(春日獨坐感吟)	7언 절구

이 표를 보면 임재당은 부인 홍씨가 세상을 떠난 1724년 6월 29일에서 한 달여가 지난 시점인 8월 2일부터 시를 지었다. 월별로 보면 8월에 57수, 9월에 14수, 10월에 1수, 11월에 26수, 12월부터 3월까지 4수의 시가 확인된다. 특히 8월과 11월에 많은 시를 지었는데, 8월은 아내를 떠나보낸 지 얼마 되지 않았던 때여서 허전함과 상실감을 다수의 시를 지으며 마음을 달랬던 것 같고, 11월은 아내의 장지(葬地)를 정하고 하관하던 때였다.

임재당의 도망시는 1724년 8월 2일에 시작해 1725년 3월 6일에 끝났다. 일기가 1724년 6월 29일에 시작해 1726년 5월 1일까지 2년여에 걸쳐 기록된 것에 비하면 시를 쓴 기간은 7개월 정도로 짧다. 또 대개의 시가 아내가 죽은 8월부터 11월까지 4개월 사이에 집중되었다. 마지막 시를 지은 1725년 3월 6일에는 임재당의 모친이 위중한 상태였고, 6일 뒤 어머니가 결국 돌아가셨다. 임재당은 모친상을 당하면서 더 이상 아내를 그리워하는 시를 남기지 않았다.

이렇게 일기와 함께 시를 쓰게 된 이유에 대해서는 임재당이 1724년 8월 2일 첫 번째 시를 기록하기에 앞서 그 이유를 밝혀 놓았다.

> 다른 사람의 집에 몸을 의탁하고 지내면서, 온갖 감정이 교차할 때에는 혹 시를 지어서 슬픈 감정을 옮기기

도 했고, 그때그때 떠오른 생각을 따라 기록하다가 그 시의 풀이를 직접 덧붙이기도 했다. 애초에 조금이라도 시를 꾸밀 생각은 없었고, 다만 이른바 내면에서 촉발한 감정을 따라 지은 것이니, 그 사이에 어찌 시의 공졸을 따졌겠는가?

委伏他家, 百感交至時, 或作詩以寫哀情, 而隨其所得以記之間, 亦自敍其解. 初非有意於一分点綴, 而直所謂由中而作也, 嘗何論工拙於其間哉?

임재당은 자신이 일기와 함께 시를 지은 것이 애초에 의도한 행위가 아니라, 마음에서 우러나 자연스레 이루어진 일이었으며, "시를 지어서 슬픈 감정을 옮긴 것(作詩以寫哀情)"일 따름이라고 밝히고 있다. 시의 공졸(工拙)을 고민하면서 시어를 다듬기보다, 아내를 잃은 슬픔을 있는 그대로 시에 담아서 스스로를 위로한 것이다. 이를 통해 임재당의 시가 도망시의 본령에 충실한 작품임을 짐작할 수 있다.

한편, 앞서 제시한 표에서는 임재당이 지은 도망시의 형식도 함께 정리해 보았다. 현전하는 한국의 도망시들은 7언 절구가 가장 많은 비중을 차지하며, 이어서 7언 율시-5언 율시-5언 고시의 순으로 파악된다. 반악의 도망시에서 비롯한 도망시 장르의 전통은 5언 장편이 그 시작이었다. 이후 도망시는 장편화와 연작으로 발전하면서 짧은 호흡의 5언 절구로는 거의 창작되지 않았다. 임재당은 5언 절구 13수, 5언 율시 3수, 7언 절구 75수, 7언 율시 11수를 남겨, 도망시의 형식적 관습을 충실히 따랐을 뿐 아니라, 일반적으로 잘 짓지 않았던 5언 절구 도망시도 여러 편 남겼다. 도망시를 다수 창작하는 과정에서 여러 시도를 보여 준 사례라고 평가할 수 있겠다.

임재당 도망시의 내용과 서술 방식

자책(自責)과 비관(悲觀)의 교직(交織)

1. 아팠을 때 병을 알아내지 못했음을 탄식하며(嘆病不能執症)

당신의 병을 아직 알지 못하니
평생토록 고치지 못해 한이 지극하네
날씨는 찌는 듯해 때마침 불운했고
많은 친지와도 떨어져 처지는 외롭고 위태로웠지
수명이 모두 하늘에 달렸다고 말하지 마오
어진 사람이라 해서 반드시 장수하는 것만은 아니더라

좋은 약 입에 쓰다는 말도 잘못된 것이니
당신 임종을 생각하면 애통함이 끝이 없네

君之病祟尙難知　至恨終天我未醫
日氣薰炎時不幸　諸親隔遠勢孤危
休言大命皆天定　未必仁人壽至斯
誤設藥餌從苦口　想其臨死痛無追

위의 시 1은 임재당이 부인인 풍산 홍씨(豐山洪氏, 1683~1724)가 죽은 후에 처음으로 쓴 시다. 시의 제목을 보아도 알 수 있듯, 임재당은 아내의 병명을 몰랐고, 그에 맞는 적절한 처방을 할 수 없었다. 아내가 세상을 뜨자, 임종 당시의 안타까웠던 상황과 병상의 모습을 자세히 시로 옮기면서 아내를 고치지 못한 한을 시로 풀어내고 있다.

임재당은 아내의 병사(病死)가 자신의 미숙한 대응과 잘못된 판단에서 기인한 것으로 보았기 때문에 두 번째 시에서도 '약(藥)'을 제재로 사용하면서 비슷한 심사를 반복해서 표현했다.

2. 약 쓴 것이 틀렸음을 탄식하며(嘆用藥見敗)

슬프고 슬프다 남은 한은 끝없어

치료한 온갖 방법 모두 적절치 못했네
당신 죽음 분명 나 때문이니
차라리 나도 죽어 아무것도 몰랐으면

哀哀遺恨恨無極　調護諸方摠失宜
君死分明由我耳　溘然寧欲自無知

제1구의 "한은 끝없어(恨無極)"는 임재당이 도망시를 쓴 동기이기도 하다. 제3구에서 "당신 죽음 분명 나 때문이니(君死分明由我耳)"라는 표현도 아내의 죽음에 대해 남편의 책임을 다하지 못한 자책의 고백이다.

임재당의 도망시 102수 중에서 가장 먼저 지은 이 두 편의 시는 자책감을 표출해 죽은 아내에게는 미안한 마음을 표현하는 한편, 임재당 자신은 자기 고백을 통해 위안을 얻는 복잡한 심사가 얽혀 있는 시라고 할 수 있다.

한편, 이들 시와 같은 날에 지은 또 다른 시에서는 자식 없음을 한탄하는 내용이 등장한다.

4. 자식 없음을 한탄하며(恨無子)

당신의 남은 한이 깊음을 알지만
어찌 후사에 대해 한마디 말도 없었나

적막한 지금은 다시 묻기 어려우니
베갯머리에서 꿈으로 만나기만을 기다릴 뿐

知君遺恨有深處　一語何無及後嗣
寂寞如今難更問　枕邊惟待夢來時

임재당과 부인 홍씨 사이에는 자녀가 없었다. 이 때문에 부인은 부인병에 먹는 익모환(益母丸)을 손수 만들어 장복(長服)했고, 약의 부작용으로 체증(滯症)을 얻어 고생했다. 그러나 부부는 결국 자식을 얻지 못했고, 임재당은 후사(後嗣) 문제도 의논하지 못한 채 아내를 먼저 떠나보냈다. 임재당이 망처 후 감내해야 했던 상실감은 자녀가 없는 상황에서 더욱 증폭되었을 것이다. 아내를 먼저 떠나보낸 그의 심정은 자책에서 자기 비관으로 이어졌다.

6. 집에 사람 없음을 탄식하며(嘆屋中無人)

슬프고 적적한 닫힌 문
눈에 보이는 모든 것이 상심이고 일마다 슬픔뿐이네
오직 여종 하나만이 아침저녁으로 곡하니
자식 없는 한을 남긴 것이 틀림없구나

哀哀寂寂掩門戶　滿目傷心事事悲
只有一婢朝暮哭　也應遺恨在無兒

42. 스스로를 애통해하며(自悼)

아내 없고 자식 없는 한 불쌍한 나그네
병들어 시골집에 누워 외롭게 그림자와 위로하네
이웃 사람 때때로 찾아와 안부 물을 뿐
종일 문 닫고 홀로 길게 탄식만 하네

無妻無子一窮客　病伏村家弔影孤
只有隣人時問去　閉門終日獨長吁

81. 또 읊으며(又)

아 내가 어쩌다 이 지경이 되었는가
말도 웃음도 나오지 않고 그저 슬피 울 뿐이네
남자가 이러면 안 된다는 것을 잘 알지만
자식도 없고 아내마저 떠났으니 어찌해야 한단 말인가

嗟我何爲作此狀　不言不笑但悲啼
能知男子非如是　其奈無兒又別妻

일반적으로 도망시에는 망처를 경험한 남편의 비참한 정황은 물론이거니와, 어머니의 손길이 필요한 어린 자녀의 고통을 비극적으로 묘사하기도 한다. 임재당은 자녀가 없었고, 부인이 임신을 위해 약을 복용하는 상황에서 갑자기 먼저 세상을 떴다. 따라서 임재당의 도망시에는 자식조차 없는 홀로 남은 남편의 처지가 부각되면서, 작자의 자기 비관이 짙게 드러난 특징이 있다.

위의 6번 시에는 자식이 아닌 여종이 곡하는 장면을 통해 제4구의 "자식 없는 한(遺恨在無兒)"이 강조되었고, 이러한 임재당의 비극적 상황은 42번 시의 "아내 없고 자식 없는 한 불쌍한 나그네(無妻無子一窮客)", 81번 시의 "자식도 없고 아내마저 떠났으니 어찌해야 한단 말인가(其奈無兒又別妻)"와 같은 자조(自嘲)로 귀결되고 있다.

임재당이 도망시를 통해서 표현한 자책과 비관의 감정은 두 방면으로 해석할 수 있다. 하나는 슬픈 감정과 상황을 적극적으로 시로 기록하면서 자기 자신을 위로했다는 것이고, 다른 하나는 부부 관계가 유난히 각별했다는 점이다. 임재당과 부인 홍씨는 결혼한 지 7~8년이 지난 즈음에 집안의 종이 두 명이나 죽게 되자, 어머니를 두고 외딴 금장(金莊) 지역에서 둘이 새롭게 살림을 일구어서 살았다. 10여 년을 부부가 단란하게 지내 왔고, 자녀조차 없었기 때문에 한 사람의 부재는 결국 남은 한 사람이 감당하기 힘든 슬픔이 된 것이다. 임재당은 아내가 죽은 지 2년이 채 못 된 시점에 그 뒤를 이어 세상을 떴다. 그의 도망시는 실제로 삶을 억지로 버티는 와중에서 지어졌고, 아내에 대한 그리움과 미안함, 자기반성과 비관이 점철된 진정성 있는 도망시라는 점에서 주목할 수 있다.

아내에 대한 칭양(稱揚)

임재당은 도망시에서 자신에 대해 자책과 비관으로 점철된 부정적인 묘사로 일관했지만, 아내에 대해서는 생전 행실을 적극적으로 칭송하는 상반된 태도를 보여 주었다.

34. 죽음을 슬퍼하며(惜亡)

어진 사람 반드시 오래 산다고 말하지 마소
당신처럼 현명한 사람이 세상에 몇이나 되겠는가
말마다 선했고 마음에는 걸릴 것 없었으며
행실은 자상하고 덕 또한 아름다웠네
홀로 있을 때도 부부간 공경할 줄 알았고
평소에는 언제나 온 집안 화목하게 하려 애썼지
신명이 차마 재촉해 한창나이에 죽게 했으니
막막한 이 이치 도대체 어찌 된 것인가

休道仁人必得壽　似君賢哲世幾多
言無不善心無累　行有仔詳德有嘉
處獨能知夫婦敬　居常每欲一家和
神明忍促方年死　此理茫茫果若何

65. 또 읊으며(又)

당신 같은 여성은 드물었으니
겸손하고 공손하며 말 또한 조심스러웠네
봄바람처럼 온 집에 불어와
은혜와 덕이 이웃 마을에까지 미쳤다네
집안의 화목을 마음에 늘 바라고
가문을 일으킬 계획도 크게 품고 있었지
홀연히 지금 영영 떠나가 버리니
하늘이 바로 우리 가문을 망하게 하는 것이로다

女子如君少　謙恭又謹言
春風吹一室　惠德及隣村
睦族心常願　興家計大存
飄然今永逝　天是喪吾門

66. 또 읊으며(又)

다행히 그 시절에 당신을 만나
삼생의 인연처럼 깊은 관계였지
단정한 모습 내가 경외했고
훌륭한 행실 모두가 흠모했지
입에서 나오는 말은 이치에 맞았고
사람을 대할 때는 진심을 드러냈지
온화한 얼굴 다시는 볼 수 없으니
언제 다시 찾아볼 수 있을까

幸尒當年遇　三生一緣深
端儀吾所敬　嘉行衆皆欽
吐口惟當理　待人各漏心
和顔不復見　何日更相尋

도망시에서 아내의 인품이나 행적을 적극적으로 기술하는 것은, 훌륭한 아내가 떠나 버린 남편의 현 상황과 그로 인한 고통을 드러내는 방식이기도 하다. 아내에 대한 칭양은 서술상 아내에 대한 묘사이지만, 실제 남편의 정서는 현재의 입장에서 아내가 부재한 자신의 슬픔을 말하는 것이다.

임재당은 위의 도망시에서 아내의 생전 언행과 행적들을 자세하게 묘사하고 있는데, 그가 사용한 시어를 보면 "어진 사람(仁人)" "현명하고 총명(賢哲)" "선(善)" "자상(仔詳)" "공경(敬)" "화목(和)" "겸손하고 공손(謙恭)" "말 또한 조심스러웠네(謹言)" "은혜와 덕(惠德)" "집안의 화목(睦族)" "가문을 일으킬(興家)" "단정한 모습(端儀)" "훌륭한 행실(嘉行)"로 정리된다. 부인의 이러한 모습들은 당시 여성에게 요구되었던 부덕(婦德)의 요건이기도 했지만, 임재당은 이를 구체적으로 명시하고 기록해서 죽은 부인을 칭양함과 동시에 부인의 부재를 탄식했다.

임재당은 "어진 사람 반드시 오래 산다고 말하지 마소(休道仁人必得壽)"(34번 시), "신명이 차마 재촉해 한창나이에 죽게 했으니 막막한 이 이치 도대체 어찌 된 것인가(神明忍促方年死, 此理茫茫果若何)"(34번 시), "하늘이 바로 우리 가문을 망하게 하는 것이로다(天是喪吾門)"(65번 시), "어진 사람이라 해서 반드시 장수하는 것만은 아니더라(未必仁人壽至斯)"(1번 시)와 같이 아내의 '억울한' 죽음을 하늘에 토로해, '어진 사람(仁人)'을 죽게 한 하늘의 이치를 받아들일 수 없다는 분노를 드러내었다. 인품과 수명의 인과 관계를 증명하기는 어렵지만, 임재당은 '덕 있는 자는 장수한다'는 옛말을 끌어와서 아내의 단명을 수용할 수 없다는 태도를 보여 준다. 집안에서 많은 역할을 담당해 왔던 아내의 부재는 임재당뿐 아니라 집안의 불상사였고, 그의 표현대로 "하늘이 우리 가문을 망하게 하는 것(天是喪吾門)"이었기 때문이다.

35. 또 읊으며(又)

가난한 사람을 만나면 으레 자비 베풀었고
미물에게도 은혜를 더해 주었지
평생 착하게 살았건만 하늘은 보답이 없어서
하루아침에 죽게 하고 또 집안까지 망하게 하네

若遇窮人例惠施　雖於微物亦恩加
平生爲善天無報　一日身亡又滅家

도망시에서 아내의 선행과 인품에 대한 칭양은, 아내의 노고를 드러내고 대사회적으로 공표하는 목적도 있지만, 많은 역할을 담당했던 '훌륭하고' '현명한' 아내가 부재하는 남편의 고통을 나타내기 위한 하나의 방식이기도 하다. 임재당 역시 도망시를 통해 죽은 아내의 행실을 칭송하면서, 위의 35번 시 제3, 4구에서와 같이 아내를 일찍 데려간 하늘을 원망했다. 다만, 임재당의 경우는 칭양을 통해 자신의 비극적 상황과 고통을 드러내는 것에만 그치지 않고, 위의 '가문의 멸망(滅家)'과 같이 상황을 확대 표현해 비관적인 정서를 보여 주는 특징이 포착되기도 한다.

지금까지 살펴봤듯이 도망시는 아내의 죽음을 체험한 남편의 고통과 슬픔이 함축된 서정시다. 특히 창작의 배경이 청탁이나 의례 등 외부 요인과 관계없이, 자발적인 동기에 의해 상실과 애통의 감정을 정리하며 스스로를 위로하는 치유의 문학이기도 하다. 실제로 《문선(文選)》에 수록된 반악의 〈도망시 3수(悼亡詩三首)〉 주(註)에는 "도(悼)는 애통함이다. 안인(安仁 : 반악의 호)은 망처를 애통해했고, 시를 지어 스스로 위로했다(悼痛也. 安仁痛妻亡, 故賦詩以自寬)"라고 해서 도망시 창작을 통한 감정 치유의 기능을 적시하고 있다.

18세기 초, 조선의 경직된 사회 분위기 속에서 아내의 죽음을 문학적으로 형상화한 문인은 많지 않았다. 장흥 임씨 가문의 선비 임재당은 부인 홍씨를 잃은 상실감과 애통함을 다수의 도망시로 표현했다. 그는 전근대 문인 가운데 가장 많은 도망시를 남긴 작가다. 그가 지은 102수에 달하는 도망시는 규모만으로도 주목되며, 특히 시를 통해 드러낸 애통한 정서와 자기 위로의 서사는 오늘날에도 깊은 울림을 준다.

지은이에 대해

임재당(任再堂, 1686~1726)은 전남 보성에 세거했던 장흥 임씨(長興任氏) 가문의 선비다. 경양도찰방(景陽道察訪)을 지낸 대은암(大隱庵) 임대년(任大年, 1640~1699)과 진원 박씨(珍原朴氏) 사이에서 백형(伯兄) 오우헌(五友軒) 임치당(任致堂, 1662~1728), 중형(仲兄) 임계당(任啓堂, 1665~1733)과 숙형(叔兄) 임자당(任子堂, 1667~1727), 계형(季兄) 임내당(任乃堂, 1673~1743)에 이어 다섯 아들 중 막내로 태어났다.

임재당은 1686년 전남 보성군 조성면 축내리에서 출생했으며, 1706년 풍산 홍씨(豐山 洪氏) 홍처일(洪處一)의 딸(1683~1724)과 혼인했다. 1714년 아내와 함께 고향 인근의 금장(金藏) 지역으로 이주해 살았고, 이후 아내와 어머니를 차례로 잃고 자식 없이 홀로 남았다. 과거를 준비했지만 실제로 응시하지는 않았고, 평생 벼슬하지 않은 채 선비로 살았다. 아내를 잃은 고통과 자식 없이 홀로 남은 고독은 그가 남긴 일기인 《갑진일록(甲辰日錄)》에서 찾아볼 수 있다.

옮긴이에 대해

임미정은 연세대학교에서 국어국문학을 전공했고, 현재 연세대학교 국학연구원에서 연구교수로 재직하고 있다. 한시 선집의 내용 분석, 새로운 고전 자료의 발굴과 소개, 허균의 저술 활동 전반에 관심을 가지고 연구를 진행하고 있으며, 주요 연구 분야는 한시, 한시 비평, 문헌학이다. 저서로 《국조시산 연구》(보고사, 2017), 《이담속찬 연구》(보고사, 2017), 공저로는 《다산 필사본 연구》(사암, 2019), 《한국의 레트로 인문학》(보고사, 2021), 《조선야사의 계보와 전승》(민속원, 2025), 역서로는 《이담속찬》(지만지한국문학, 2025) 등이 있다.

임재당 도망시,
사랑에 죽음 따윈 없다

지은이 임재당
옮긴이 임미정
펴낸이 박영률

초판 1쇄 펴낸날 2025년 11월 25일

지만지한국문학
출판등록 제313-2007-000166호(2007년 8월 17일)
02880 서울시 성북구 성북로 5-11
전화 (02) 7474 001, 팩스 (02) 736 5047
commbooks@commbooks.com
www.commbooks.com

ISBN 979-11-430-1327-9 03810

책값은 뒤표지에 있습니다.